AF197578

Dieses Buch vermittelt auf höchst inspirierende Weise, wie durch die Betrachtung von Alltagsdingen der Kontakt in die eigene Innerlichkeit eröffnet werden kann. Dies gelingt durch einfache Übungen des Innehaltens, Wahrnehmens und Schreibens. Die Autorin leitet den Leser Schritt für Schritt an und lädt ihn ein, die eigene Seele wie auf einem Spaziergang zu erkunden.

Tania Leix lebt und liebt Schreiben, Kreieren und Gestalten von jeher. Die Spiritualität eröffnet der Autorin einen tieferen Sinn in der Kreativität. In ihren Seminaren verbindet sie beides und begeistert die Teilnehmer mit dem von ihr entwickelten spirituell-kreativen Schreibprozess.

Sie lebt mit ihrem Mann und ihren Kindern in Augsburg.

Tania Leix

Der Schönheit deiner Seele einen Raum schenken

Schreibend deine Innerlichkeit erkunden

© 2018 Tania Leix
Umschlag: Markus Mahler
Illustration: Tania Leix

Verlag: tredition GmbH, Hamburg

ISBN
Paperback   978-3-7439-8078-5
Hardcover   978-3-7439-8079-2
e-Book   978-3-7439-8080-8

Printed in Germany

Das Werk, einschließlich seiner Teile, ist urheber-
rechtlich geschützt. Jede Verwertung ist ohne
Zustimmung des Verlages und der Autorin unzu-
lässig. Dies gilt insbesondere für die elektronische
oder sonstige Vervielfältigung, Übersetzung,
Verbreitung und öffentliche Zugänglichmachung.

Deiner Seele,
allen Seelen.

Inhaltsverzeichnis

Das Seelenlied der Göttin
Der Klang des Göttlichen in dir

Ein sanftes Lied der Schönheit singend
so lade ich dich ein
urgöttlich klar hernieder klingend
so möcht ich bei dir sein

ein Lied der Schönheit in dir singend
ganz tief in deinem Herz
die Wahrheit deines Selbst dir bringend
ganz sanft schmilzt aller Schmerz

ich liebe dich beschenke dich
die Freude sei mit dir
ich lad dich ein: verbinde dich
verbinde dich mit mir

Tania Leix im Februar 2013

Der Schönheit huldigen

Wo ich lebe, ist es am schönsten.
Aus Japan

Wenn du etwas Schönes siehst, tut es dir gut. Es legt sich wie Balsam in deine Seele. Es beruhigt, erhellt und bringt etwas auf angenehme, ja schöne Weise ins Klingen.

Man könnte diese Erklärung auch mit Harmonie gleichsetzen. Denn die Schönheit, der wir mit diesem Buch, in diesem Projekt auf die Spur kommen, folgt harmonischen Grundsätzen, wie beispielsweise dem Goldenen Schnitt, die wir wie eine Gravur in uns tragen. Diese Gravur wird angesprochen, wenn wir Harmonie empfinden. Und das ist schlicht der Fall, wenn wir etwas Schönes betrachten.

Da diese Gravur bei jedem ein wenig anders ausfällt, trägt jeder sein persönliches Schönheitsempfinden mit sich spazieren.

Wie geht es dir mit deinem Schönheitsempfinden, was ist für dich wirklich und wahrhaftig schön? Kennst du deine innere Schönheit und wenn ja, wie gehst du mit ihr um?

Begeben wir uns gemeinsam auf die Spur deiner inneren, deiner wunderbaren Schönheit und wenn wir sie entdeckt haben, huldigen wir ihr wie einer Königin.

Wenn wir etwas betrachten, das unser Inneres, unsere Seele als schön, als wunderschön empfindet, so spüren wir das: Unser Herz weitet sich, unser Herzchakra dehnt sich aus, unser Herz öffnet sich, wir atmen auf, wir sind uns der Schönheit der Welt in diesem besonderen Moment zutiefst bewusst, wir verbinden uns mit ihr. Immer wenn unser Herz sich öffnet, geht es eine Liaison ein, eine Verbindung mit dem Ziel auf das, worauf diese aus dem geöffneten Herzen ausströmende Liebe gerichtet ist. Das kann auch etwas sein, was wir als schön empfinden, man könnte auch sagen: was wir als schön erkennen.

Dieses Gefühl des sich weitenden, sich öffnenden Herzens hat wahrhaftig einfach viel mit Erkenntnis zu tun. Du nimmst etwas wahr, was du als schön empfindest, du verbindest dich damit, du erkennst, du anerkennst es als schön und so legt sich die Schönheit in dich, in deine Seele. Du verbindest dich geradezu mit der Schönheit selbst und das wiederum spiegelt sich in deinem Inneren, in deinen Augen. Du erkennst nämlich nicht nur die Schönheit des Augenblicks, du erkennst dich selbst in diesem kostbaren Moment. Das, was wir als schön empfinden, hat zutiefst mit unserer Seelenstruktur und der Struktur unseres Herzens zu tun. Wenn sich die Schönheit in dich legt, wenn du Schönheit empfindest, erkennst du dich selbst darin. Deine Augen, deine Sinne werden geöffnet, du wirst gleichsam zu einem Sommelier der schönen Momente, einem Spezialisten für die besonderen Augenblicke der Schönheit.

Deine Wahrnehmung verfeinert sich, deine Aufmerksamkeit richtet sich mehr und mehr auf das, was schön ist, was erhellt, was dich einen kleinen oder großen Jubel spüren lässt, oder dich einfach in der Stille dieses kostbaren Momentes ankommen und so ganz bei dir sein lässt.
Je nachdem, worauf wir unsere Aufmerksamkeit richten, fließt Energie. Beschäftigen wir uns mit dem sogenannten Schlechten in der Welt, werden wir auf die Dauer Mühe haben „gut drauf" zu sein. Richten wir unseren inneren Fokus auf etwas Erhebendes, so verbinden wir uns damit, ja beschenken uns selbst mit diesem Augenblick.

Bei der Erarbeitung dieses Buches wurde mir bewusst, wie lange ich mich schon mit der Schönheit beschäftige. Diese Art, Schönheit wahrzunehmen, wie ich sie zu Beginn beschrieben habe, hat viel mit meinem ganz persönlichen Weg des freien Herzens zu tun.

Als Kind hörte ich oft, ich solle nicht so viel herum träumen und: „Oh nein, jetzt träumt sie schon wieder!" Das Träumen wurde mir nach und nach als etwas präsentiert, das im störenden Gegensatz zu der realen Welt bestünde und das abgeschafft werden müsse, da es mich von den wirklich wichtigen Dingen ablenkte. Als Kind übte ich mich deshalb darin, es abzuschaffen und, da dies nicht wirklich gut funktionierte, es wenigstens zu verdrängen. Jahrzehnte später, in Verbindung mit meinem spirituellen und künstlerischen Weg, begann ich wieder, dieses Träumen zu erwecken.

Dieses Erwecken meiner Fähigkeit zu träumen, ja etwas zu erträumen, ging einher mit meinem persönlichen Reifeprozess, besonders mit der schlichten Akzeptanz meiner Spiritualität, die wiederum eng mit meiner Kreativität verbunden ist.

Während meines Studiums in Religionslehre *hörte* ich von einem personalen Gott im Christentum, beim bewussten Beschreiten meines spirituellen Weges *erfuhr* ich ihn. Durch diese innigen Erfahrungen schaute ich immer tiefer die Schönheit, die der Schöpfer in alles hinein gelegt hatte und in jedem Moment wieder hinein legt. Die Schönheit berührte zutiefst mein Herz. Diese Herzensberührtheit hat sich mit den Jahren intensiviert. Sollte ich es mathematisch ausdrücken, würde ich sagen, dass die Empfindung für Schönes sich proportional zur Intensität meiner spirituellen Öffnung entwickelt hat. Für diese Erfahrung im Großen und im Kleinen bin ich unendlich dankbar, denn jeder dieser Momente öffnet den Blick für weitere.

Mit der Initialzündung durch die Papierstreifen – du wirst sie im nächsten Kapitel kennen lernen – begann sich dieses Projekt zu entfalten. Ich hatte keine Ahnung, wohin es sich entwickeln würde, ich ging einfach Schritt für Schritt meinen intuitiven Impulsen folgend mit, die sich so stimmig, friedlich, still und gleichzeitig erhaben anfühlten, dass es einem Lustwandeln in einem japanischen Garten gleichkam. Je länger das Projekt andauerte, desto tiefer wurde mein Vertrauen in den Geist, der mich durch dieses Projekt führte, und desto tiefer wurden die Ebenen, auf denen es sich bewegte.

Schließlich war der Wunsch da, nicht nur meiner Seele einen Raum für die tiefe Erfahrung der Schönheit zu schenken, sondern auch andere einzuladen, diese Türe zu öffnen.

Du kannst nur lernen, dass du das, was du suchst, schon selber bist. Alles Lernen ist das Erinnern an etwas, das längst da ist und nur auf Entdeckung wartet. Alles Lernen ist nur das Wegräumen von Ballast, bis so etwas übrig bleibt wie eine leuchtende Stille. Bis du merkst, dass du selbst der Ursprung von Frieden und Liebe bist.
Sokrates

Wie dieses
Buch
entstanden
ist

Wie dieses Buch entstanden ist

Es ging los mit Abschnitten von verschiedenen Papieren, die in meiner künstlerischen Arbeit anfielen. Ich fand sie einfach schön und hob sie auf. Insgeheim dachte ich mir: Du behauptest einfach, du könntest sie noch verwenden, dann hast du einen handfesten Grund zum Aufheben.

Diese Papierstreifen lagen also als Sammlung in meinem Atelier und spaßeshalber legte ich sie in Reih und Glied zu einer Gesamtkomposition. Die empfand ich auch als schön, sogar sehr schön! Doch mein Kopf sagte: „Ja, ja, irgendwelche alten Papierabschnitte nebeneinander gelegt sollen schön sein, meine Liebe. Alles in Ordnung mit dir? Am besten du behauptest noch, es sei Kunst und du fixierst sie für die Nachwelt."

In einem unbedachten Moment tat ich das auch: Ich klebte diese Papierstreifen auf, fein säuberlich. Und ehrlich: Ich fand dieses Gebilde noch schöner.

Ich sortierte die anderen Streifen meiner Sammlung nach Farben und legte weitere Kompositionen. „Ach komm", sagte mein Verstand, „jetzt nennst du das Ganze noch eine Komposition!"

Ich sah diese Papierstreifensammlungen, die farblich sortiert und in Reih und Glied auf einem Trägerpapier lagen und fand sie schön. Und dann räumte ich alles weg, weil es ja ziemlich blöd ist, so etwas zu tun, und es dann auch noch schön zu finden.

Ein arbeitsreiches, künstlerisch ergiebiges Jahr ging ins Land.

Beim notwendigen Aufräumen in meinem Atelier stieß ich auf eine Papierstreifensammlung, jene bereits erwähnte. Nur dieses einzelne Blatt. Ich betrachtete es und empfand sie schon wieder als schön.

„Warum auch nicht?", dachte ich so schnell, schneller als mein bezaubernder Verstand irgendwelche schwerwiegenden Gegenargumente anbringen konnte. Ich konnte mir nicht helfen, ich empfand dieses Papier schlicht als schön, geradezu wunderbar.

„Wen interessiert das schon? Was bitte möchtest du damit anstellen? Reichen nicht schon deine anderen gewagten künstlerischen Geschichten? Wer bitte soll sich denn mit aufgeklebten Papierstreifen beschäftigen?"
So und so ähnlich ratterte das Maschinengewehr meines Freundes, des inneren Kritikers, in meinem Kopf. Er ist gut. Er versteht seinen Job. Er ist messerscharf und jede Bemerkung sitzt. Und ritzt so manche kleine Wunde in meine Seele.

Aber das Schöne siegte. Ich sagte: „Warum nicht?

Warum soll ich nicht Papierstreifen auf Papier aufkleben?"

Und ich legte und sortierte und klebte mit dem allergrößten Vergnügen.

Während des Klebens dachte ich darüber nach, warum ich diese Papiere schön finde, dass sie es wert sind, meine Verstandesargumente beiseite zu schieben. Ich dachte darüber nach, warum aufgeklebte Papierstreifen schön sind.

Nun, es ist so: Ich bin eine unverbesserliche Schönfinderin: einen Stein, den Gesang einer einzelnen Amsel, das Licht der Sonne und wie es durch ein Ahornblatt strömt, den tropfenden Eiszapfen, geschnittene tiefgelbe Mango in einer türkis glasierten Schale...

Ich begann schließlich, meinem Impuls folgend, aufzuschreiben, was schön ist und warum.

Wenn schon Papierstreifen meinen Verstand besiegt hatten, warum nicht auch anderes?

Das äußerte sich so:

Warum ich schöne Dinge liebe

weil ich sie immer wieder ansehen kann und dabei
immer wieder Freude empfinde
weil sie wohl tun
weil sie Harmonie verbreiten
weil sie einen Gleichklang in sich tragen
weil sie angenehme Wellen aussenden
weil sie mein Auge, meine Sinne erfreuen
weil sie sind wie sie sind

Und schon begann sich dieses Projekt zu entwickeln.

Du wirst in jedem Kapitel Texte finden, die ich während des Entstehens dieses Projektes notiert habe. Sie geleiten dich durch dieses Buch, so wie sie mich durch die Entwicklung des Projektes geleitet haben. Sie laden dich ein, selbst Notizen dieser Art entstehen zu lassen, in dir, im Raum der Schönheit deiner Seele.

Diese Texte sind zu einem großen Teil dem Winter gewidmet. Das liegt daran, dass dieses Buch im Winter entstanden ist und ich authentische Texte einfließen lassen wollte, Texte, die sich tatsächlich in Verbindung mit dem beschriebenen Prozess und Projekt entwickelt haben. Meine Seele hat in dieser Zeit die Schönheit des Winters entdeckt, in einer Intensität wie noch nie zuvor. Beim Überarbeiten dieses Buches dachte ich zunächst, ich sollte der Vollständigkeit halber auch Texte mit anderen jahreszeitlichen Bezügen notieren. Was, wenn jemand dieses Buch im Juli liest? Doch schließlich folgte ich wieder den Impulsen meiner Seele. Frühling, Sommer und Herbst sind auch ohne Tiefenblick schön. Den Winter muss man mit besonderen Blicken betrachten, um in der Kargheit, dem Erstarrtsein und der Kälte die Schönheit zu entdecken. So mögen dich die Wintertexte einladen, auch Dingen und Situationen diesen Blick mit den Augen der Schönheit zu schenken, die sie anscheinend nicht besitzen.

Dieses Buch ist also eine Anleitung, wie du diesen Raum der Schönheit deiner Seele findest und wie die Notizen dazu entstehen können.

Ich wünsche dir aus ganzem Herzen viel Freude und dass du genau das erlebst, was dich reich werden lässt, unendlich und beglückend reich.

Dein Gewinn

Dein Gewinn

Bevor du dieses Projekt für dich in die Tat umsetzt, sollten wir uns gemeinsam ansehen, welcher Gewinn für dich damit verbunden ist. Hier sind eine Reihe von Fragen zu beantworten, denn das Ganze soll dir Sinn und Freude schenken.

Was also verändert sich mit diesem Projekt?
Was kannst du mitnehmen?
Wie kann sich dadurch dein Leben verändern?
Wie kann es zukünftig weitergehen?

In dieser Phase wirst du herangeführt, einen tieferen Kontakt mit deiner Seele einzugehen. Du kannst dir das als beständige oder zeitweilige Kommunikation mit deinem Inneren, deiner Innerlichkeit vorstellen. Im Normalfall sind wir sehr stark mit dem beschäftigt, was um uns herum geschieht. Die Welt um uns ist laut und fordernd und so sind wir oft genug mit ihr beschäftigt. Die meist stille Bitte unserer Seele, uns mit ihr zu beschäftigen, ihr zuzuhören, verhallt im Nirgendwo.

Mit diesem Projekt entwickelst du die Möglichkeit, deiner Seele zuzuhören, ihrer Stimme zu lauschen und so deiner Innerlichkeit näher zu kommen. Du wirst erstaunt sein, wie dich dein Inneres zu überraschen vermag. Du bist also eingeladen der Schönheit deiner Seele einen Raum zu schenken.

Indem du diesen Zeitraum für die Zwiesprache mit deiner Seele eröffnest, trittst du immer intensiver mit ihr in Kontakt. Du lässt sie mehr und mehr an deinem Leben, deinen Alltagsgedanken, deiner Freude über dein Leben und deinen Sorgen teilhaben. In der gesamten Klaviatur deiner Gefühle und Gedanken darf deine Seele mitsprechen, wenn du sie lässt.

Deine Seele, dein Inneres entwickelt mehr und mehr seine Fähigkeit, Impulsgeber für deinen weiteren Lebensweg zu sein. Wir können uns sogar so weit aus dem Fenster lehnen zu behaupten, du hast nun Anschluss an deine innere Weisheit. Möglicherweise stufst du dich nicht als „Weisheitsträger" ein. Macht nichts. Umso so schöner wird es sein, dich selbst mit deiner inne liegenden Weisheit zu überraschen, ja diese sogar an deiner Lebensgestaltung teil haben zu lassen. Bei konkreten Entscheidungen spielen also nicht nur logisch nachvollziehbare Argumente eine Rolle, sondern auch Intuition, Inspiration, Vision. Es ist doch eigentlich ganz einfach: Du bist von einem überaus genialen Geist erschaffen, wie also könntest du nicht genial sein?

Die Schwierigkeit an der Sache ist, dass wir das systematisch verlernt haben und an Stelle dessen Normen, Verhaltenskodizes und must-haves gesetzt haben, um nur einige zu nennen. Mit diesem

Projekt erlaubst du dir mehr und mehr, in dein Inneres einzutauchen, in die Stille und die geordnete Kraft deiner Seele hineingenommen zu werden. Du erhältst genau die Impulse, die jetzt gerade dran sind, sinnvoll sind und Lebensveränderung stiften.

In meinen Seminaren und Coachings habe ich die Erfahrung gemacht, dass dieser Raum sich mit ganz einfachen Mitteln eröffnen lässt. Deine Seele wartet ja auf dich! Dein Inneres erhofft dieses Gespräch! Indem du den Raum dafür schenkst und dich bereit machst, beginnt das Projekt sich ganz fließend in Bewegung zu setzen, ganz einfach. Indem du mehr und mehr in diesen Kontakt gehst, verbindet sich deine Innenwelt mit deiner Außenwelt, ja, diese vormals voneinander getrennten Ebenen gehen wieder eine Verbindung ein. Die Verbindung deiner Seele und Innerlichkeit mit deinem Leben und seiner Gestaltung ist der eigentliche Schatz in diesem Projekt, es ist dein Hauptgewinn!

Denn: Verbindung stiftet Sinn, Verbindung stiftet Neuordnung und Neuorientierung, Verbindung ermöglicht die bewusste Gestaltung deines Lebens, das mit dir und deinen Innenwelten im Einklang ist.

Meine Innerlichkeit hat das im Laufe dieses Projektes so formuliert:

Warum mit diesem Projekt etwas in dir ins Fließen kommt

weil du in Kontakt mit deinem Inneren kommst
weil du dich selbst erspüren lernst
weil nun Ver- und Entpuppungsprozesse entstehen
weil dieses Entfalten zutiefst kostbar ist
weil du die Berührtheit deines Herzens erfahren darfst
weil du in dieser Entwicklung einzigartig bist
weil du Abschiedsschmerz und Willkommensfreude erlebst
weil nun unvermittelt etwas aus dir herausströmt, das du noch nicht kennst
weil du manchmal aufhören möchtest und dann doch weiter gehst
weil der ganze Reichtum des Lebens sanft in dir beginnt zu fließen und du ihn staunend wahrnimmst

Als ich diese Zeilen notierte, war ich weit davon entfernt, ein Buch über dieses Projekt und den damit verbundenen Prozess zu schreiben. Die Du-Ansprache kam einfach als Impuls und ich folgte ihm, ohne ihn zu hinterfragen oder zu diesem Zeitpunkt zu verstehen, warum. Ich war bereits verbunden mit einem lesenden Du, ohne es wirklich zu wissen.

Die gute Nachricht zu diesem Projekt ist, es geht gleich und sofort los und zögert keinen Augenblick, beschenkt dich reich und wird dich überraschen. Die schlechte Nachricht ist (wenn man das noch als solches bewerten will), dieser Prozess dauert laaange, ja, er kann sich zu einem Lebensprozess entwickeln.

Aber bevor es anstrengend klingt, betrachte es doch einfach so:
Du schmeckst sozusagen mit diesem Projekt hinein, wie es ist, dein Leben aus der Sicht deiner Innerlichkeit wahrzunehmen, um dann zu entscheiden, ob diese Ebene zukünftig in deinem Leben mitspielen, mitgestalten und entscheiden darf. Es ist also ganz einfach.

Dieses Projekt ist ein echter Appetizer!

Wie du in
diesem Projekt
vorgehen
kannst

Wie du in diesem Projekt vorgehen kannst

Unsere Seele denkt in viel feineren Nuancen als es unser Verstand tut.

Genaugenommen denkt unsere Seele nicht, sie empfindet, fließt, lauscht, spürt, aber das Denken übernimmt unser Kopf.

Dieses Buch ist ein Liebesbrief an deine Seele, doch du brauchst auch deinen Verstand, sozusagen als Werkzeug, damit deine Seele ihren Ausdruck finden kann. Dies wird deinem Verstand nicht gefallen, weil er seine Vormachtstellung aufgeben soll und sei es für die Dauer von zwei Minuten.

Deshalb beruhigen wir deinen Verstand mit ein paar handfesten Aufgaben, damit er beschäftigt ist und weiß, was er für die Dauer dieses Projektes zu tun hat. Dann können wir uns in Ruhe deiner Seele widmen, denn sie steht im Mittelpunkt, sie darf fließen, sprechen, flüstern, weinen, lächeln, lachen, tönen, singen, spüren und fühlen und was sie außerdem liebt zu tun.

Die Aufgabe deines Verstandes für dieses Projekt ist es, einfach auszuführen, was die Seele wünscht zu tun. Wie die Aufgabe deines Verstandes konkret aussieht, erfährst du noch.

Doch so viel schon im Voraus: Dein Verstand geht sozusagen auf Lauschmodus, denn die Seele spricht oft sehr leise, sie flüstert geradezu. Das stammt noch aus einer Zeit, in der niemand Lärm machen musste und auffallen musste, um gehört zu werden. Deine Seele ist deshalb aber nicht von gestern, nein, sie ist ewiglich und unendlich der Zeit voraus, und gleichzeitig mittendrin. Und darum geht es ja gerade: In jedem Augenblick ganz einfach präsent zu sein und zu spüren, zu erlauschen, wie deine Seele diesen Moment erfährt, was sie darüber „denkt".

Die Seele verwendet dazu eine eigene Sprache. Diese Sprache ist oft ganz einfach, mit überraschenden Worten gewürzt oder mit Wendungen aus längst vergangenen Zeiten (oder noch nicht begonnenen) geschmückt.

Das ist gut so, denn dann erkennst du, ob deine Seele spricht oder ob dein Verstand vergessen hat, wie sein Job in diesem Projekt definiert ist, und meint, er müsse endlich etwas ganz Wichtiges und Gescheites dazu sagen. Das erkennst du dann daran, dass es anstrengend wird, du um Formulierungen ringst und sich das Ganze als Arbeit auswächst.
Also noch einmal: Der Verstand führt in dieser Angelegenheit deiner Seele nur aus, was er zu tun in Auftrag bekommt.
Der wahre Dirigent dieser Melodie deiner Seele ist deine Seele selbst.

Zum Beispiel so:

Warum es schön ist aufzuschreiben, warum etwas schön ist
weil es mich im Nachhinein überrascht
weil jedem Moment gehuldigt wird
weil kleine Erinnerungen kostbar sind
weil du deine Lebensmomente in Harmonie abschließt
weil Harmonie ein gedeihlicher Boden für neues Gelingen ist
weil es wohl tut
weil diese Aufzeichnungen mein Herz wärmen und weiten
weil ich mich selbst staunend und in Schönheit entdecken kann

Und so geht das:

Dieses Projekt widmet sich der Schönheit und zwar so, wie sie deine Seele in bestimmten Momenten erlebt. Nicht, wie wer auch immer, aus welchen Gründen auch immer sagt, behauptet und vor allem gewinnbringend vermarktet, nein, eben ganz und gar nicht, sondern so und nur so wie deine Seele es liebt.

Denn deine Seele liebt die Schönheit. Die Schönheit eines Augenblicks, eines bestimmten Moments zeigt dir nämlich, wie deine Seele schwingt, denn sie reagiert auf das, was sie als schön empfindet. Das ist manchmal etwas, das wir als überirdisch schön bezeichnen (und die gute Nachricht ist, davon gibt es Gelegenheiten wie Sand am Meer) und es sind jene Augenblicke, die sich ganz leise direkt neben dir ereignen (noch mehr Sand). Sie sind so nah, dass du den Eindruck haben wirst, sie seien extra für dich inszeniert. Das liegt dann möglicherweise daran, dass es so ist.

Warum kleine feine Schneeflocken schön sind
weil sie in aller Ruhe ihren Weg finden
weil sie gemeinsam eine große Wirkung haben
weil sie sich auf der Erde verbinden und ein großes Ganzes bilden
weil sie die Erde sanft zudecken und betten
weil sie schimmern und glitzern wie tausend Diamanten
weil sie das Licht zurückschenken in sanfter Weise
weil sie ein weißer Himmelsgruß sind, der zur Erde kehrt
weil sie leise sind, ganz still

Unsere Seele spricht und flüstert und summt in einem fort mit ihrer Geliebten, der Göttin und ihrem Geliebten, dem großen wunderbaren Kosmos. Warum also sollte sie, sollte er nicht antworten?

Das geschieht einfach.

Und das ist genial. Denn davon und dafür leben wir. Ganz einfach.

Genialität in auffallender Verbindung mit Einfachheit ist ein gutes Indiz dafür, dass deine Seele spricht, dass deine Seele mit dem Kosmos flüstert.

Alleine die zwei Worte „Gott ist" lohnte ein ganzes Leben darüber zu meditieren. Er ist dem ersten Anschein nach ziemlich einfach, oder?
Oder wie wäre es mit: „Es werde Licht." Lass dir das mal auf der Zunge zergehen, sagen wir mal für 10 Minuten.

Mal sehen, was dir alles dazu einfällt. … … … …
Nein noch nicht weiter lesen, es waren erst 9 Minuten. …

Wenn also deine Seele spricht, dann kann es ganz einfach zugehen. In der Stille des Moments. In einem Moment der Stille. Und dann auf einmal, jetzt oder irgendwann, geht dir auf, wie genial dieser einfache Ausdruck deiner Seele ist! Und schon bist du da: in diesem einen wunderbaren Moment deines wunderbaren Lebens.
Erwarte also keine pompösen, hoch dotierten und garnierten Aussagen.

Du darfst einfach erspüren, welche Worte deine Seele erwählt, ja: erwählt. Denn sie flüstert und summt auch mit den Worten, mit dem Schatz der Sprache und dem Reichtum der Bilderwelt in der

Sprache, sie mag das einfach. Und sie spielt auch gerne damit herum. Das ist das uneingeschränkte Privileg unserer Seele.

Diese Seelensprache, die aus unserer inneren Quelle aufsteigt, schreibst du auf. Dein Verstand hilft dir, es in eine adäquate Form zu bringen, z.B. in einem Notizheft, auf einem Block oder auf losen Papierseiten, die du dann zusammenheftest. So entwickelt sich eine ganze Reihe von Notizen, entstanden an unterschiedlichsten Orten zu unterschiedlichsten Zeiten.
Zum Beispiel wie diese:

Warum winterliche Thermalbecken schön sind, wenn es regnet
weil die Nebelschleier über dem Wasser tanzen
weil sie sich auflösen in der kalten Luft wie Elfenhauch
weil die Regentropfen auf dem Wasser zu Silberperlen werden
weil du durch Licht und Schatten schwimmst
weil dein Atem die Luft strömen lässt
weil dein Atemfluss sich verbindet mit der Melodie des Wassers
weil du, aus dem Wasser steigend, eingehüllt wirst in einen sanften Lufthauchmantel

Risiken
und
Nebenwirkungen?

Risiken und Nebenwirkungen?

Wenn du deiner Seele Raum gibst, geschieht etwas. Das weißt du mit Sicherheit schon, doch ich möchte es einfach noch einmal erwähnen. Das beugt dem Erschrecken vor, einer Art kleinem Schock der Erkenntnis, dass du Gott und Göttin so wertvoll und wunderbar bist, dass sie mit dir sprechen.

Was immer geschieht, seien es Gefühle, die ins Fließen kommen, sei es eine erstaunliche Erkenntnis der feinen Art, sei es ein Heimweh, eine Sehnsucht, so lass es ganz einfach da sein und wieder weiter gehen. Sinn dieses Projektes ist, dass du entdeckst, wie es ist, wenn die Momente deines Lebens ihren Platz in deinem Leben finden. Da deine Seele ein guter Regisseur ist, lohnt eine Beobachtungsreihe, wie sie mit diesen Momenten umgeht.

Du bist also stiller und neutraler Beobachter deiner Selbst. Das ist einer der genialen Impulse des ZEN-Buddhismus: Indem du beobachtest, was in dir geschieht, bist du nicht mehr so tief in alles verwickelt und dadurch bist du präsent. Du kommst einer inneren heiteren Ruhe und der Präsenz im Augenblick und damit in deinem Leben immer näher.

Alles darf einfach mal sein. Du nimmst es wahr, in einem Moment der Stille, in einem Moment des Aufhorchens. Du schreibst es auf. Es erstaunt dich vielleicht. Du empfindest etwas. Du spürst Impulse, etwas zu tun. Wunderbar. Tu es. Wann hast du dir das letzte Mal erlaubt, deinen Impulsen zu folgen?

Du darfst nicht vergessen: Uns wurde so oft gesagt, was wir zu tun und zu lassen haben, selbst wie wir zu denken, uns zu benehmen haben, welche Empfindungen gut und welche schlecht sind. Du weißt, diese Liste ist lang. Aber sie ist nicht Gegenstand unserer Betrachtung, höchstens vielleicht ein kleiner Umweg oder wie ein Seitenarm eines Flusses.

Du tauchst ein in die Liebe und Wertschätzung dieser beobachteten Momente. Und vielleicht lässt sich diese Wertschätzung deiner selbst noch über diese Momente der Beobachtung hinaus ausdehnen.

Lass dich einfach einladen, zu spüren, wie sich das in dir zeigt, wenn du die Augenblicke in Präsenz und stiller Wertschätzung erlebst.

Welche Impulse tauchen auf?
Möchtest du einer bestimmten Begegnung weiter nachgehen?
Möchtest du bestimmte Dinge sammeln, um sie vor deinen Augen präsent zu halten?

Möchtest du malen, fotografieren, notieren, skizzieren oder etwas ganz anderes tun? Dann tu es. Das ist Lebendigkeit.

Ich habe in diesem Buch einen klaren Rahmen angelegt, damit die Form ganz einfach ist und dem Inhalt Raum lässt. Du kannst diese Form natürlich verändern, du kannst den Rahmen ausdehnen oder verlassen. Das Projekt „funktioniert" dann auch noch. Denn es geht ja gerade um den Einklang deiner Seele mit deinem Leben und dem, was du als Ich definierst. Wenn du also Impulse zur Veränderung der Richtung oder Art und Weise spürst, dann bist du schon mitten drin.

Begegne dir in Wertschätzung, indem du bewusst das aufnimmst, was du liebst und als schön empfindest. Das aktiviert dein seelisches Schönheitspotenzial und du weißt ja: Wahre Schönheit kommt von innen.

Lass dich überraschen. Lass dich von der Liebenswürdigkeit, der Lebendigkeit, der feinen Wahrnehmung, der Sensibilität, der wunderbaren Tiefe und unendlichen Kreativität deiner Seele überraschen. Das ist Schönheit. Das ist Liebe. Und das sind bekanntlich sehr starke Argumente, wenn es um Frieden und Harmonie geht.

Warum dieses Projekt meiner Seele wohl tut

weil ich ganz ruhig Schritt für Schritt gehen kann
weil der Energiefluss sanftmütig fließt
weil ich mit diesem Tun wie in einem Garten lust-
wandle
weil zum ersten Mal Ordnung in meinem Atelier
herrscht
weil ich nicht überfordert bin, doch ganz im Einklang
weil es mich beglückt und erfrischt
weil ich Disziplin halten kann
weil es freundlich zu mir ist
weil ich eine immer tiefere Liebe zu meinem Tun
entdecken darf

Sammeln und Dokumentieren

Sammeln und Dokumentieren

Wenn du Spaß an der Sache hast und das Ganze auch wie eine Wissenschaft oder ein Forschungsprojekt behandeln möchtest, wenn du ein haptischer Mensch bist oder warum auch immer, kannst du über das Schreiben hinaus eine Sammelmappe oder einen Ordner mit Hüllen anlegen, um die einzelnen Dinge dort einzulegen (für größere Dinge eine Kiste). So entsteht eine ganze Sammlung der Dinge, die du als schön ansiehst. Du heftest diese Dinge zusammen mit den dazugehörigen Texten dort ein und kannst jederzeit nachblättern und deine Sammlung betrachten.

Es verstärkt den wissenschaftlichen Aspekt, wenn du überall das Datum hinzufügst. Das unterstützt dich auch darin, deinen Beobachtungsposten zu beziehen.

Warum ich beim Durchblättern und Betrachten der einzelnen Hüllen meines Ordners Liebe empfinde

weil viele Dinge hier versammelt sind, die meine Aufmerksamkeit verdienen

weil es Dinge sind, die zutiefst schön sind

weil es Dinge sind, die nicht unbedingt als schön gelten

weil ich jedes einzelne in Liebe und Freude hierein gelegt habe

weil so eine wunderbare Sammlung entstanden ist

weil diese Sammlung wie von alleine entstanden ist
weil es meine Sammlung ist

Inspiration

Sammle Beobachtungen, Momente, Augenblicke,
man könnte auch sagen: Begegnungen,

… die dich in der Seele berühren
… die dir das Herz öffnen
… die einen Raum der Weite in dir eröffnen
… die dich staunen machen
… die dich über dich selbst wundern lassen
… die für dich erstaunlich sind
… die dich in die Stille führen
… die dir im ersten Moment vielleicht völlig banal erscheinen
… die dich im Moment ankommen lassen, still und froh und ganz da
… die dich in eine gute Balance bringen
… die etwas in dir auf versöhnlich sanfte Weise in Bewegung bringen
… die dich Harmonie und Frieden spüren lassen
… die meistens völlig unspektakulär sind und auf leisen Sohlen kommen, deine Seele zu berühren

Notiere diese gesammelten Eindrücke in einem extra Heft.

Diese Begegnungen lassen sich nicht gezielt suchen (schon gar nicht krampfhaft erzwingen). Es ist vielmehr so, dass sie auf dich zukommen, dir geschenkt werden und im Moment deiner wachen Aufmerksamkeit von deiner Seele erkannt werden.

Stell dir einfach vor, deine Seele geht auf Sendung mit dem Himmel, dem Großen Geist, mit Gott, mit der Göttin, wie immer du es nennst. Und sei dir sicher: Es wird dir antworten.

Über die Wahl des Papiers

Für die Methode des Ordners ist es am besten, deine Notizen auf einzelnen Papieren zu machen. Wenn du nur schreiben möchtest, dient dir auch ein leeres Heft, eine Kladde oder ein schönes Blankobuch.

Was auch immer du wählst, lege es zum Schreiben an einem bestimmten Platz bereit und den Stift auch gleich dazu. Du signalisierst dir damit: Ich bin bereit, alles ist bereit, es kann los gehen, es darf fließen.

Wähle für die Papiere kein zu großes Format. Ich habe mit Papieren in Postkartengröße begonnen und es wird dich nicht überraschen, dass auch sie aus einer Sammlung stammen, die ich schön fand. Beim Schreiben hat sich immer wieder herausgestellt, dass diese Größe zu klein ist und ich habe mich deshalb auf DIN-A-5-Papiere verlegt.

Wenn das Papierformat zu groß ist, fühlst du dich leicht überfordert: Was, soviel muss ich schreiben? Das ist das Schulaufsatztrauma. Such dir eine Größe, die du gut bewältigen kannst, die dich einlädt, die dir Geborgenheit und einen klaren Rahmen vermittelt.

Es kann natürlich auch sein, dass du geradezu Lust hast an großen Formaten. Dann bitte: Nimm das, was dir gefällt, was dir so richtig Spaß und Freude macht. Es ist erstaunlich, mit welch einfachen Mitteln wir uns selbst eine Freude machen können.

Es wird dich auch nicht überraschen zu lesen, dass die Papiere dir auch von ihrer Beschaffenheit zusagen dürfen.

Welche Struktur? Welche Farbe? Welche Art?

Ich wähle zum Schreiben Papiere, die leicht gelblich sind und holzig in der Struktur. Das sorgt für einen weichen Griff. Ich spüre die Oberfläche beim Schreiben, wenn meine Hand darüber gleitet. Ich habe diese Papiere mit einem alten Brotmesser zugeschnitten, damit der Rand schön faserig ausfranst. So erhält jedes Papier seine eigene Note, da jedes Papier beim Zuschneiden ein wenig anders ausfällt. Mir gefällt es einfach so.

Und welches Format sagt dir zu: rechteckig, hochformatig, querformatig, quadratisch? Spiele und probiere.

Es muss nicht gleich von Anfang an perfekt sein. Halte einfach die Augen offen und probiere aus, spiele mit dem Material. Dein Projekt wird sich so immer mehr zu dem entwickeln, was es für dich ist, wie es für dich stimmig und freudig ist.

Du kannst im Umgang mit dem Material auch gleich mit dem Projekt beginnen:
Warum diese Papiere schön sind, warum dieser Stift so angenehm ist, warum ich die Sammelmappe liebe…

Warum ich neue Hefte und leere Papiere liebe
weil sie in ihrer Schlichtheit schön sind
weil sie zeigen, dass es immer weiter geht
weil sie eine neue Chance sind
weil sie dir neutral gegenüber stehen
weil sie bereit sind, all deine Gedanken, deine Seelengebilde aufzunehmen
weil sie beschrieben werden dürfen
weil sie dann wie ein Geschenk an mich selbst sind
weil sie mir kostbar sind
weil sie geduldig warten, bis ich bereit bin
weil ich sie offen und geschlossen liegen lassen kann
weil sie zeigen, es sind immer Möglichkeiten offen
weil es keinerlei Vorschriften gibt, wie sie zu verwenden sind
weil ich die Zukunft gestalten kann

Zum Schreiben wählst du das, was dir am meisten zusagt: den Computer, mit der Hand, eine alte Schreibmaschine… warum nicht?

Zum Schreiben mit der Hand suche einen Stift, mit dem du gerne schreibst: einen Füller, einen Bleistift, einen Kugelschreiber, einen Gelroller, einen Zeichen- oder Skizzierstift, was auch immer. Du kannst gezielt einkaufen gehen, wenn du daran Freude hast. So eröffnest du dieses Projekt mit dem bewussten Erwerb dessen, was du als schön und angenehm empfindest. Und du versorgst dich von Anfang an optimal.

Dein Schreibplatz

Wähle einen Ort, an dem du gerne bist. Ich schreibe immer unter einem Dachfenster in meinem Atelier an einem Tisch, den ich in Meeresfarben lackiert habe und an dem schon viel Künstlerisches entstanden ist. Ich liebe diesen Ort. Er ist dem Himmel nah, die Sonne scheint herein, die Vögel und Wolken gleiten vorbei, ich kann das Fenster öffnen, wenn ich es wünsche und spüre die Luft, die hereinströmt. (Hier kann es gleich weiter gehen: Warum liebst du diesen Platz? Weil…)

Vielleicht ist es möglich, deine Schreibsachen liegen zu lassen. So sind sie immer bereit und präsent. Es geht in diesem Projekt auch darum, das Leben zu feiern und das gelingt schon mit ganz kleinen Dingen, mit Dingen die dir einfach Freude machen, weil sie etwas in deiner Seele zum Klingen bringen.

Etwa so:

Warum diese alte Pergamenthülle schön ist
weil sie glänzt wie Perlmutt
weil sie schon ein Leben eingegangen ist
weil sie eine Perlenoberfläche hat
weil sie im Licht glänzt
weil sie wie eine transparente Eierschale schimmert
weil sie im Übergang zwischen künstlich und natürlich existiert
weil sie jemand erfunden hat
weil mit dieser Hülle jemand etwas Schönes kreiert
hat
weil sie sich verfärbt hat
weil man durch sie hindurchschauen kann
weil sie so schön knistert
weil sie in der unteren Ecke in eine andere Struktur
übergeht, ganz unmerklich

Deine Versorgung

Versorge dich gut, während du schreibst oder
kurz davor oder danach. Möchtest du ein paar
Kekse zum Knabbern, aufgeschnittenes Obst?
Bei mir stehen immer eine oder mehrere Flaschen
mit frischem Wasser bereit. Ich bekomme Durst
während des Schreibens. Wenn das Trinken
schon da steht, muss ich den Schreibprozess nicht
unterbrechen, um Wasser zu holen oder den
Durst einfach ignorieren. Das Befüllen der Fla-

schen mit frischem Wasser ist wie ein Auftakt, ein symbolischer Beginn für mein Tun.

Beim Lustwandeln in einem Wald las ich einmal auf einem Schild geschrieben, das an den Zweigen eines Baumes befestigt war und frei herunterhing:
„Sorge gut für dich. Wenn wir uns alle gut versorgten, wären wir gut versorgt."

Der Zeitaufwand

Vielleicht kommt dein Verstand auf die Idee zu intervenieren, um dieses Projekt erst gar nicht in Gang zu bringen. Dein Verstand gibt, wie der der meisten anderen auch, nicht so gerne seine Vormachtstellung auf, schon gar nicht seine Kontrolle über die Dinge. Nun, seine Aufgabe bezüglich dieses Projektes ist ja klar umrissen und er könnte diese Aufgabe als Abstieg in die zweite Reihe interpretieren. Unter uns gesagt, hätte er damit sogar recht.

Wenn er also wegen des Zeitaufwandes meckert, so wisse, dass das Projekt genau so viel Raum einnimmt, wie du zunächst erübrigen kannst. Um ein paar Notizen über das zu machen, was du schön findest, benötigst du jedenfalls keine nennenswerte Zeit. Für dich selbst ist diese Zeit und wie sie gefüllt ist dann aber so kostbar, als würde sie viel länger dauern. Es ist eine sehr wertvoll verbrachte Zeit, ein Kurzurlaub (ich habe zuerst aus Versehen Kururlaub getippt, ist auch ganz passend) mitten in deinem Alltag, ein Ausflug in das Reich der Sinne, ein Rendezvous mit deiner Seele.

Du spürst dann schon mit der Zeit selbst, wie lange es dauern möchte.

Inspiration

Möglicherweise

... gibt es etwas in dir, das gegen dein Sammeln und Notieren protestiert oder es nieder macht?

... triffst du nicht auf großes Verständnis, Beifall oder Ermutigung in deiner Umgebung?

... kommen Unlust, Sinnlosigkeitsgefühle, Hinterfragen oder ein Telefonanruf dazwischen?

... hält dein Verstand dich für verrückt?

... kreierst du wirklich gute Verzögerungstaktiken, obwohl du das Projekt eigentlich machen möchtest?

Dann

... mach es einfach trotzdem!

Denn

... es ist dein Projekt der Stille: Mach es einfach in aller Ruhe

... es ist dein Geheimnis: Mach es ganz leise für dich

... es ist das Projekt deiner Seele, der Verstand mit seinen Anweisungen darf mal Ruhe geben

Vertrauen

Du siehst schon, es geht bei diesem Projekt auch um dein Vertrauen.

Vertraust du dir, dieses Projekt zu beginnen? Vertraust du dir, es weiterzuführen? Vertraust du dir, schreiben zu können? Vertraust du dir, das Richtige zu spüren? Vertraust du dir, in Kontakt mit deinem Inneren zu treten? Traust du dich?

Es geht bei all dem ganz häufig um Bewertung. Sind wir gut genug in dem, was wir tun? Hält es den kritischen Augen unseres inneren Prüfers Stand? Kann ich diese Prüfung bestehen?

Als ehemalige Lehrerin konnte ich oft erleben, wie tief diese Scheu oder gar Angst vor Bewertung sitzt und in wie viele Bereiche unseres Daseins sie hereinreicht.

In der Zusammenarbeit mit Jugendlichen habe ich folgende Worte als einen machtvollen Schlüssel zur Eröffnung einer intensiven Arbeitsphase entdeckt:

Es geht hier jetzt nicht um richtig oder falsch, es geht jetzt um deine Meinung und das, was du gut findest.

Diese Sätze wirkten jedes Mal wie ein Befreiungsschlag, eine Absolution. Meine Schüler machten sich für diese Zeit von aller einengenden Bewertung frei und konnten so viel besser arbeiten. Es kam soweit, dass sie mit dieser Art des Unterrichts gar nicht mehr aufhören wollten, sie regelrecht Feuer fingen und von sich aus fragten, ob sie für die Ergebnisse ihrer Arbeit eine Note bekämen. Sie erkannten selbst den Wert ihrer Arbeit und entdeckten die Freude an etwas, was auch fader, langweiliger Unterricht hätte sein könnte, der nicht im Geringsten mit ihnen selbst und ihrem Leben zu tun hat.

Mache dich also bewusst frei von allen Bewertungsmaßstäben. Selbst wenn du dagegen rebelliert hast, bist du nicht frei davon. Deine Begegnung mit deiner Seele unterliegt keiner Bewertung. Wir bewegen uns hier in Ebenen, in deren Innenraum einfach alles so ist, wie es ist. Es darf einfach sein, wie und was es ist. Deine Seele darf genauso sprechen, wie sie es möchte. Sie darf genau das zum Ausdruck bringen, was und wie sie es empfindet. Sie darf das Fest der Schönheit feiern. Wer sollte das Recht besitzen, das zu bewerten?

Niemand weiß davon. Und die Kritiker in deinem Inneren schickst du einfach in Urlaub, zumindest für die Dauer deines Schreibens. Du kannst ihnen ja sagen, sie seien für diese Arbeit überqualifiziert.

Inspiration

Begleite diesen Prozess mit den Worten von Dschelal ed-Din Rumi: „Jenseits von Richtig und Falsch liegt ein Ort – dort treffen wir uns."

Notiere als ein stiller Beobachter, wie es dir mit deinen Begegnungen geht. Tu das möglichst in dem Moment, in dem es geschieht, du bist dann mittendrin.

Suche eine Überschrift. Oder vielmehr: Lass deine Intuition eine Überschrift finden.

Horche einfach ganz bewusst in dich hinein und schau, lausche, was da in dein Bewusstsein strömt.

Lass beim Aufschreiben zu, dass dein Herzensraum geöffnet bleibt und deine Seele spricht.

Du erkennst das dann daran,

... dass du andere Worte verwendest als üblicherweise

... dass die Tiefe deiner Begegnung sich während des Schreibens weiter entwickelt (und sei es nur ein ganz kleines bisschen)

... dass du manchmal selbst erstaunt bist, was da aus dir herausfließt

... dass du Liebe spürst zu dem, was geschieht

... das du dir selbst, deiner Seele, deinem Leben mit einer vielleicht leisen, doch tiefen Wertschätzung begegnest

... dass du eine staunende Freude beim Schreiben empfindest oder erahnst

> ... dass etwas ins Fließen kommt, und seien es Tränen
>
> ... dass etwas in dir geschieht, du etwas empfindest oder wahrnimmst, was vorher nicht da war
>
> ... dass dein angestrengter Kopf ganz einfach ausruht

Schutz

> Eine Seele ohne Schweigen ist
> wie eine Stadt ohne Schutz,
> und wer das Schweigen pflegt,
> bewahrt seine Seele
> Thérèse von Lisieux

Die Begegnung mit der Schönheit deiner Seele, mit der Struktur deiner Seele ist etwas, das die meisten erst wieder entdecken und üben dürfen. Du bist mit Sicherheit weder der oder die erste und du bist mit Sicherheit nicht allein. Wir sind auf jeden Fall schon einmal zu zweit.

Deshalb geht es vielleicht auch mit ganz kleinen Schritten los. Es geht mit einer ganz feinen Stimme los. Ich habe schon weiter vorne erwähnt, dass unsere Seele in der Regel nicht herum schreit. Sie singt lieber das Lied des Lebens. Sie summt es. Sie erlauscht es. Sie liebt es.

So zum Beispiel:

Warum es im römischen Wärmebad im Winter schön ist

weil die Wärme mich einhüllt wie eine liebevolle Schwester

weil die kräftige Wärme der Liege mich ganz und gar durchwärmt

weil die Entspannung in mir Raum greift und ich loslasse

weil es wunderschön ist, da zu sein

weil ich entspannt an der Schwelle von Traum und Wachen wandele

weil ich unmerklich sanft hinübergleite in eine Meertraumwelt

Weil es meist mit diesen kleinen, feinen Schritten losgeht, braucht dein Schreiben, dein Lauschen, dein Erspüren deine Hilfe und deinen Schutz. Ich empfehle dir, mit niemandem darüber zu reden. Zumindest mit niemandem, der es nicht verstehen könnte. Es ist ein seltener Schatz, die Berührung deiner Seele mit einem anderen Menschen teilen zu können, du solltest also sehr bewusst auswählen, wer davon erfährt.

Niemand sollte darauf herumtrampeln dürfen, indem er es lächerlich macht, weil er es nicht versteht, weil er vielleicht keine Ahnung hat, worum es gerade geht. Wenn jemand deine Notizen kritisiert, kommentiert oder bewertet, kommt das einem Getrampel über die ersten Frühlingsblumen gleich. Sei einfach behutsam mit dir. Wenn deine Notizen offen liegenbleiben, wer könnte sie lesen?

Ein Heft kannst du offen und geschlossen liegen lassen. Eine Mappe oder einen Ordner ebenfalls. Verfahre damit, wie es das Gebot der Stunde ist. Schätze, wie die Entdeckung unserer Seele, dürfen wir auch hüten wie einen Schatz. Dann entfaltet er sich. Dann entwickelt er sich. Der Reichtum nimmt zu, wenn keine Räuber einfallen.

Wenn du jemanden kennst, der dich unterstützt, der dich versteht, der dieses Seelengeplaudere vielleicht sogar selbst ausprobieren möchte, wunderbar!

Ich habe eine wunderbare Freundin. Sie versteht Seelengespräche.
Im Verlauf dieses Projektes, sozusagen als es geboren wurde, wurde ich kopfscheu, wahrlich und wahrhaftig. Es jagte mir solche Angst ein, die Kontrolle abzugeben, nicht mehr zu bestimmen, was auf meinem künstlerischen Weg geschieht. Warum sollte ich plötzlich Schreiben sollen? Ich hatte immer viel geschrieben, aber nie an Stelle des Malens oder des Arbeitens an meinen Objekten. Sollte ich das etwa ganz aufgeben? Sollte ich mich auf etwas einlassen, dessen Richtung ich nicht kenne, dessen Ziel im Dunkeln liegt?
Ich hatte eine solche Panik, dass ich beschloss, meine Freundin anzurufen. Ich erzählte ihr von

meinem Schreiben. Ich erzählte ihr von meinen Papierstreifen. Sie rief: „Was du nicht alles machst!" Es war Freude. Es war Staunen. Es war Teilen. Es war auch ein Lachen, ein gutmütiges.

Du siehst, dieses Telefonat war hilfreich und heilsam, denn sonst wäre dieses Buch nicht entstanden.

Wenn wir die Verbindung zu dem, was wir tun, verlieren, brauchen wir manchmal jemanden, der uns hilft, diese Verbindung wieder zu finden. Du weißt schon, wer das sein kann. Wenn nicht, darf er oder sie dich finden, um dich zu unterstützen. Bleib offen und im Vertrauen und es kommt zu dir. Das habe ich nicht erfunden. Das habe ich aber ganz oft erlebt und du bestimmt auch schon. Dies zu erleben ist wunderschön.

Und so
geht es

Und so geht es

Du gehst über den Tag hin immer wieder auf Horchposition, das heißt, du öffnest dich, beobachtest und spürst genau hin, in welchem Augenblick etwas in dir aufhorcht, sich berührt fühlt, sich an der Schönheit des Augenblicks erfreut.

Möglichst bald, am besten sofort, notierst du diese Beobachtung in der Struktur warum ich ... liebe, warum ... schön ist. Du kannst diese Überschrift natürlich anders formulieren, so wie es für dich stimmig ist:

Was ich empfinde, wenn ich ... sehe / höre / schmecke / rieche

Was mich weit macht

Was mich aufhorchen lässt

Wann ich Liebe spüre

Was mich glücklich macht

...

Hier ein Beispiel aus meiner Sammlung:

Was mich aufatmen lässt und mich weit macht
Der Blick in den Himmel,
verhangen von vorbeiziehenden Regenwolken,
ein Schwarm schwarzer Wintervögel
in freier Formation durch den Wind gleitend

Beobachte, was beim Schreiben geschieht. Du bist im Herzen, in der Seele berührt und schreibst nun auf, warum. Deine Seele sagt dir das. Du beginnst einfach zu schreiben und spürst und lauschst, welche Worte dazu fließen. Die Beobachtung kann sich während des Schreibens vertiefen.

Ich war erstaunt, zu erkennen, dass ein Muster hinter all dem steckt, was ich als Schönheit empfinde. Dieses Muster zeigt mir, wie ich bin, wie ich die Welt sehe, wie ich mein Leben lebe, wonach meine Seele strebt.
Das Streben deiner Seele ist ein gewaltiger Motor deines Lebens, und ein großartiger dazu. Das zu erkennen, dich sozusagen mit deiner Seele zu verbinden, hat schon viel mit innerem Frieden zu tun. Du fühlst dich verbunden.

Die Perspektive auf dein Leben und vor allem auf dich selbst verändert sich. Du entdeckst an immer mehr Stellen und Orten in der Welt und in dir selbst Augenblicke der Schönheit. Es geht ganz leicht. Es fließt dir einfach zu wie ein wunderbares Geschenk. Du empfängst die wunderbare Gnade, Adressat dieser vielen wunderschönen Geschenke zu sein. So spürst du die große Liebe, die in allem ist, die durch alles strömt. Du erkennst, dass diese Liebe auch durch dich strömt und die Wertschätzung dir gegenüber, deinem Fühlen, deinem Empfinden. Dein ganz individueller Blick auf die Welt erfährt mehr Raum in deinem Inneren und damit auch in der Welt um dich herum.

Beginne einfach, lass dich leiten. Deine Seele tritt in Kontakt mit der Schönheit und der Liebe, die überall fließt.

Warum ich auch kleinste Dinge liebe

weil sie zeigen, dass die Ordnung der Schöpfung sich unendlich fortsetzt

weil die Liebe Gottes auch vor dem Kleinsten nicht halt macht

weil selbst das Kleinste dem Göttlichen der Aufmerksamkeit wertvoll ist

weil man Zeit braucht, es zu entdecken

weil es Spaß macht, kleinste Dinge zu betrachten

weil kleinste Dinge im großen Getöse oft untergehen

weil es das Privileg der genau Schauenden ist, kleinste Dinge zu entdecken

weil du in einen Mikrokosmos wie in eine eigene Welt eintauchst,

voller Märchen, Weisen und Geheimnisse

Inspiration

Woran du erkennst, dass das, was du tust, im Einklang ist: die Synchronizität in deinem Projekt.

Wenn

… die Menschen oder Dinge, die dich unterstützen, zur richtigen Zeit kommen

… du eine Verbundenheit mit dem Himmel und der Erde fühlst, die über dein Ich hinaus reicht

… du Worte liest oder hörst, die genau zu deinem Prozess passen

… etwas in dir zu lächeln beginnt

… plötzlich etwas Unerwartetes geschieht, das dich zum Lachen bringt und dich in seiner einfachen Genialität erstaunt (z.B. beim Zuschneiden der uns bekannten Papierstreifen für die Komposition schnitt ich aufgedruckten Text weg: aus .com wurde OM)

… deine Aufmerksamkeit immer wacher wird

… deine Achtsamkeit zunimmt

… du mehr und mehr zum staunenswerten Beobachter wirst

… du der Empfänger wunderbarer Geschenke wirst

Wenn es
gar nicht
geht

Wenn es gar nicht geht

Schreibe auf, was diese Störenfriede wollen. Gib ihnen einen klar umrissenen Raum, zum Beispiel eine Seite in deinem Heft und dann ist es auch wieder gut. Wenn diese Momente öfter auftreten, dann lege dafür ein eigenes Heft an. Auch diese Irritationen und Widersacher gehören zu dir. Sie dürfen da sein, in Ordnung. Sie dürfen ihre Argumente vorbringen, auch in Ordnung. Aber sie dürfen dich nicht aufhalten, das wäre dann nicht in Ordnung.

Notiere z.B. so:
Warum ich nicht aufschreiben kann, was schön ist
Was der Kritiker in meinem Inneren vorbringt, um mich aufzuhalten
Welche Gefühle mich abhalten, weiterzugehen
…

Zwei Notizen aus meinem Begleitheft:

Was mich frustriert, erschöpft, entmutigt
wenn mein Projekt ins Fließen gerät
ich in Kontakt komme
mit dem Großen, Ganzen in mir
und ich stoppen muss,
weil das Außen Forderungen an mich stellt

Unzufriedenheit

Erst kommt der Kopf,
dann das Programm,
dann der Kritiker, der dieses Programm vertritt
und dann läuft der Prozess ab.
Eine Maschine der Gefühle, die Unzufriedenheit produziert.
Blöd.

Natürlich ist auch ein Fließtext in der Art eines Tagebucheintrages denkbar, eine Art Reflektieren und Gedanken schweifen lassen auf dem Papier. Das Besondere beim Aufschreiben ist es, dass deine Hand beschäftigt ist, du klare Sätze formulierst und in diesem Rahmen tatsächlich ein Klärungsprozess in die Gänge kommt. Deine Gedanken sind zudem fixiert und du kannst sie später noch einmal nachlesen. Gerade in der Verbindung mit anderen Eintragungen werden Zusammenhänge klar und deine Entwicklung zeigt sich dir in immer größerer Deutlichkeit.

Welche Form des Aufschreibens du auch immer wählst, finde immer eine passende Überschrift, denn das unterstützt den Klärungsprozess. Manchmal ist es für uns überraschend, worum es eigentlich geht, weil es uns so nicht bewusst war. Allein den Widersacher zu benennen macht ihn in jedem Fall weniger nebulös. Er muss raus aus seinem Versteck der unklaren Emotionen. Es heißt, den Stier bei den Hörnern zu packen. Nur Mut.

Wenn das Projekt gut anläuft und dann ins Stocken kommt

> Diese Tage, die leer dir scheinen
> und wertlos für das All,
> haben Wurzeln zwischen den Steinen
> und trinken überall.
> Paul Valéry

Wenn es also nicht weiter fließt, dann mach mal Pause.
Lass alles so liegen wie es ist. Lass in dir alles so sein wie es ist.
Auf Ebbe folgt Flut. Warte einfach ab.

Ich dachte einige Male in hochdramatischer Gefühls-echtheit: Jetzt ist es aus, jetzt ist es vorbei.
Das dauerte dann ganze zwei Tage...

Wenn das Warten nicht geht, schreibe auf, warum es nicht geht.
Wenn die Unruhe zu groß wird, benenne sie.

Notiz in meinem Heft zu diesem Thema:
„Auch der Heilige Geist in mir braucht mal Urlaub."

Wenn du nicht schon längst begonnen hast zu notieren

… ist jetzt ein guter Zeitpunkt, das zu tun!

1. Setze dich an einen Platz, an dem du gerne bist.
2. Schau herum.
3. Spüre nach innen.
4. Was ist da um dich her?
5. Was gefällt dir?
6. Was ist schön?
7. Schreibe es auf: Warum … schön ist, Datum, los geht's: weil es … ist.
8. So einfach ist das.
9. Du hast den ersten Schritt gemacht.
10. Wunderbar.
11. Kein Kommentar, kein Bewerten, einfach so sein lassen.
12. Abheften oder Heft zumachen und liegen lassen.

Oder hast du Lust, gleich weiter zu machen?

Das Wunder deines Alltags

Die wahre Lebensweisheit besteht darin,
im Alltäglichen das Wunderbare zu sehen
Pearl S. Buck

Wir werden nun gemeinsam noch näher an dein Leben heranrücken. Es ist einfach ein noch intensiveres Kuscheln deiner Seele in Verbindung mit deinem Leben. Dem Grau des Alltags. Dem öden Trott. Der Langeweile des Gewohnten. Oder aber, in einer anderen Perspektive: Das Wunderbare in deinem Alltag entdecken. Du beziehst deine Seele in dein Alltagsleben mit ein, in ihrem Flüstern mit dem Kosmos. Durch dieses Öffnen deines Alltags für deine Seele erweckst du ihren Blick auf dein Leben. Deine Seele blickt mit dem allergrößten Vergnügen auf alles, was lebt. Sie blickt deshalb auch mit dem allergrößten Vergnügen auf das, was öde und langweilig ist und vor sich hin trottet. Und sie sagt: „He, schau mal, da..." Und: „Hast du das schon entdeckt?" Und: „Schau mal, wie schön..."

Du bist also eingeladen, deinen Tag mit anderen Augen zu sehen und sei es nur für zwei Minuten. Dazu eine kleine Geschichte, natürlich aus dem echten Leben:

Eine gestresste, allein erziehende und berufstätige Mutter beklagte sich bei ihrem Therapeuten, nie wirklich Zeit für ihre Kinder zu haben und deshalb zu all dem Stress auch noch einen Berg schlechten Gewissens mit sich herumzuschleppen. Der Therapeut antwortete ihr, dass alleine mit zwei Minuten ungeteilter Aufmerksamkeit viel Zufriedenheit auf beiden Seiten möglich ist. Die Mutter probierte das aus, denn zwei Minuten konnte selbst sie ganz leicht erübrigen. Und sie war erstaunt über den Effekt. An Stelle des schlechten Gewissens, das sich schließlich auch zwischen sie und die Kinder gedrängelt hatte, fühlte sie nun den Kontakt. Durch die ungeteilte Aufmerksamkeit fielen ihr wieder Dinge an den Kindern auf, die sie gar nicht mehr wahrgenommen hatte: bestimmte Äußerungen, der besondere Blick, das ansteckende Lachen. Sie fühlte wieder die Liebe zu ihren Kindern fließen und die kam sofort pronto pronto an. Kinder fackeln da ja nicht lange. Das Leben wurde leichter. Diese klitzekleine Kurskorrektur bewegte Erstaunliches im Leben dieser Familie und das reichte soweit, dass die 8-jährige Tochter, die nach der Trennung der Eltern konstatiert hatte, dass sie nun gar keine richtige Familie mehr wären, eines Tages vermeldete, wie schön es nun sei in ihrer Familie.

Wenn du dich also auf bewusste Entdeckertour mit deiner Seele begibst und dich dort umsiehst, wo du vermeintlich alles schon haarklein kennst, dann lass dich doch mal überraschen. Der

Mensch, der dich mit Sicherheit recht effektvoll überraschen kann, bist du selbst. Wir sind in vielem der Meinung, wir würden uns schon recht genau kennen. Zumindest in diesen alltäglichen Momenten, die wir wie eine Maschine abschnurren.

Lass doch deine Seele da mal hinschauen, hinfühlen und lass sie entdecken, was es da zu entdecken gibt. zwei Minuten ungeteilte Aufmerksamkeit sind ein guter Anfang.

Wie fühlt sich das an, was du jeden Tag in die Hand nimmst? Wie nimmst du die Einrichtung deiner Wohnung war? Was geschieht bei der Zubereitung deines Essens? Wie riecht eigentlich dein Shampoo, wenn der Duft sich unter der Dusche entfaltet?

Warum ich die gold glänzende Verpackung des Kaffees liebe

weil sie das Licht so schön spiegelt
weil sie die Umgebung spiegelt
weil sie in das Spiegelbild ihre Farbe hinein verschenkt
weil sich in ihren Falten Täler und Berge aufwerfen
weil sie mit dem Licht spielt
weil sie ehrlich ist

Warum Gurkenscheiben schön sind
weil sie ein wunderbares Lebensmandala zeigen
weil sich die einzelnen Gefache um eine gemeinsame
Mitte gruppieren
weil sie sich in einer atmenden, lebendigen Haut
aneinander kuscheln
weil sie ein grüngelbes oder weißgelbes Licht durch-
scheinen lassen
weil sie eine lebendige organische Struktur besitzen
weil sie schön sind, einfach schön

Richte die Aufmerksamkeit auf die einfachsten Dinge oder besser gesagt: Lass es zu, dass deine Seele ihre Aufmerksamkeit auf die einfachsten Dinge in deinem Leben richtet. Wie reagiert sie, worauf reagiert sie und was empfindet deine Seele als schön?

An dieser Stelle dürfen sich nun Alltagsspezialisten herauskristallisieren. Den einen zieht es mehr zu seinen Lebensmitteln, die andere liebt den Blick aus dem einen besonderen Fenster. Die Seele des einen horcht auf, wenn ein Luftzug den Vorhang so sanft und schön aufbauscht, ganz leise, und die Seele des anderen spürt plötzlich ein Flattern, weil draußen irgendwo eine Amsel ihr Lied singt.

Manchmal ist es tatsächlich so, dass es erst zu einem Aufhorchen kommt, das in deinem Inneren geschieht. Verbinde dich so mit deiner Seele, schenke ihr den Raum deiner Aufmerksamkeit, dass du dieses Aufhorchen, dieses „Da ist etwas, das mich berührt" wahrnimmst. Und dann schau einfach, worauf deine Seele so schön reagiert. Wenn wir diese Dinge bewusst wahrnehmen, ist das ein Freudenverstärker, denn wir machen uns diese Wahrnehmung zum Geschenk, schärfen unseren Blick für diese Art von Geschenken und gehen damit eine immer tiefere Verbindung mit unserer Seele ein.

Wahrnehmen heißt ja auch gelten lassen, annehmen, dass es tatsächlich so ist. Wahrnehmen hat auch viel mit Bewusstheit und Offenheit gegenüber der Wahrnehmung zu tun. Man kann ganze Abhandlungen über Wahrnehmung lesen und sie spielt in der Tat in unserem gesamten Leben eine noch ziemlich unterschätzte Rolle. Deshalb tun wir es einfach: Wir nehmen wahr. Und schauen, was geschieht.

Und dann geht es weiter wie schon zuvor: aufhorchen, notieren.

Warum meine Seele bei ... aufhorcht
Warum ... schön ist.

Manchmal entdecken wir uns in unserem Aufhorchen, in unseren Beobachtungen selbst neu. Wir ahnen vielleicht schon, dass wir einen Hang zu bestimmten Blumen haben, doch wirklich ins Bewusstsein holen wir es erst, wenn wir es aufschreiben. Es war für mich immer wieder staunenswert zu lesen, was meine Seele dazu zu sagen hat, zum Beispiel:

Warum ich Gebrauchtes liebe

weil es schon ein Leben gelebt hat
weil es Spuren und Macken hat
weil es Risse und Flecken hat und abgeschlagene Kanten
weil es bekritzelt und verkleckert ist
weil es unbeachtet ist
weil es ignoriert oder als wertlos betrachtet wird
weil es den meisten eher Ärgernis als Glück verursacht
weil das Neue, Unverbrauchte nun Vergangenheit ist
weil in all diesem das Leben steckt

Auch in unserer Alltäglichkeit stecken viele kleine Momente des Lebens, die uns berühren, die in unserem Inneren etwas zum Klingen bringen. Es ist wunderschön, diese Momente bewusst aufzunehmen, weil wir uns daran unendlich bereichern. Wir beginnen, ein Muster der Schönheit in den alltäglichsten Dingen zu entdecken. Vielleicht macht es dir Spaß, geradezu Ausschau nach der Schönheit in deinem Alltagsleben zu halten und zu entdecken, was es da alles zu entdecken gibt. „Die Schönheit der Dinge", sagt David Hume, „liegt in der Seele dessen, der sie betrachtet."

Warum ich frisch gekochtes Essen liebe

weil die Düfte sich beim Kochen nach und nach ausbreiten
weil frisch Gekochtes wunderbare Farben besitzt

weil diese Farben sich durch das Kochen verändern
weil leises Brutzeln aufsteigt
weil sprudelndes Wasser schöne Musik macht
weil ich Kostproben bekomme
weil ich die Entwicklung einer Gesamtkomposition
miterleben kann
weil ich voll Freude mit allen Sinnen genießen darf
weil es einfach köstlich ist

Es ist nun einmal ein riesiger Unterschied, ob ein
Essen nebenher, in den Gedanken woanders oder
während der Arbeit zu sich genommen wird oder
ob du jeden Bissen ganz bewusst genießt.
Stell dir einmal vor, wie dein Leben aussieht,
wenn du jeden Moment ganz intensiv erlebst und
dir bewusst werden darf, was daran schön ist,
was es daran zu erkennen gibt, welches Geschenk
des Kosmos in diesem einen Moment auf dich
wartet.

Der Kosmos ist unendlich geduldig, denn er sendet uns beständig Geschenke. Was glaubst du,
wie viele dieser Geschenke nicht zugestellt werden können, weil der Empfänger unbekannt ver-
zogen ist? Er ist schon da, rein physisch zumindest, aber auf seiner Wahrnehmung steht: Heute
geschlossen. Und morgen vermutlich auch.

Doch der unendlich geduldige Kosmos gibt nicht
auf. Er sendet weiter die Geschenke des Himmels,
jene unbezahlbaren, nicht käuflichen Momente

des kleinen Glücks. Wir bekommen diese Geschenke frei Haus direkt in unser Herz geliefert. Es braucht einzig und allein unsere Aufmerksamkeit, um sie überhaupt zu entdecken, sonst landen sie in unserem Unterbewusstsein.

Dann schauen wir doch mal, was unser Unbewusstes zu sagen hat, wenn sich unsere Seele ganz kostenfrei beschenkt weiß. Indem wir es aufschreiben, indem wir uns mit dem Warum auf eine hinspürende Suche begeben, darf es auftauchen, indem wir es aufschreiben, können wir es jetzt und später bestaunen.
Etwa so:

Warum ich Papiere des Alltags liebe
weil sie sich so schön anfassen lassen
weil sie sich schön anfühlen
weil sie schön sind
weil sie Farbträger sind
weil jedes besonders ist
weil jedes auf seine schlichte Weise besonders ist
weil jedes bereit ist, sich herzuschenken zum Gebrauch
weil es in seiner Begrenzung Klarheit besitzt
weil es offen ist, beschrieben und gebraucht zu werden
weil es schließlich so offen und voller Hingabe ist, sogar weggeworfen zu werden
weil es Lebensspuren zeigt
weil es ehrlich ist

Lass dich also leiten, in welche Lebensbereiche du hinein schnuppern möchtest, welchen du deine ungeteilte Aufmerksamkeit schenken möchtest. Du wirst mehr und mehr Bereiche entdecken, die von Schönheit erfüllt sind. Deine Notizen werden immer weitere Kreise ziehen.

Warum es schön ist, gewisse Seiten aus Büchern, die ich gerade lese, zu kopieren und meiner Sammlung hinzuzufügen

weil sie zu mir sprechen im richtigen Moment
weil sie genau zur richtigen Zeit kommen
weil sie mich so verblüffen
weil ich so wieder das Augenzwinkern Gottes erlebe
weil der Kosmos unendlich wunderbare Ideen hat
weil die Essenz dieser Zeilen mich im Herzen berührt
weil ich einem Unbekannten ganz nah komme
weil die Seelen miteinander sprechen
weil die Sprache wunderbar ist
weil es selig macht
weil es weit macht
weil es schön ist

Alle deine Aufzeichnungen, die einzelnen Teile deiner Sammlung, wenn du eine angelegt hast, sind wie die einzelnen Teile eines Mosaiks. Zusammen ergeben sie ein Bild von wunderschöner Ausstrahlung, ein Bild der Liebeserklärung deiner Seele an dich, deiner Seele, die mit dem Kosmos, dem Großen Ganzen, mit Gott und Göttin flüstert, um dann das Lied des Lebens zu singen.

Du liest einfach immer wieder mit der horchenden, geöffneten Aufmerksamkeit und Achtsamkeit, deiner feinen Wahrnehmung deine eigenen Notizen durch. Dabei wird es wieder zu jenen kostbaren Augenblicken kommen, in denen deine Seele aufhorcht.

Was ist das Muster, was die Struktur deines Seelenbildes, des Mosaiks deines Herzens? Worauf reagierst du und in welcher Weise?

Sind es die Farben, die Klänge, ist es Altes, kaum Sichtbares, ist es Großartiges oder ganz Stilles?

Entdecke dich selbst in deinen Texten, entdecke die Schönheit deiner Seele. Und gib deiner Seele Raum in deinem Leben. So wirst du unendlich beschenkt.

Notiz aus meinem Heft:

Warum dieses Projekt ist
weil Gott mich einlädt
über die Schönheit,
die mich erfreut und beflügelt,
behutsam meiner Seele,
ihren Geheimnissen und ihrer Heilung
nahe zu kommen.

Die Phasen
dieses Projektes

Die Phasen dieses Projektes

Eine Allegorie in Jahreszeiten

D ieses Projekt entwickelt und verändert sich, besser gesagt du und deine Wahrnehmung verändern und entwickeln sich mit diesem Projekt.

Du wirst einzelne Phasen durchwandern und diese entsprechen dem Jahreszeitenwechsel. Wir könnten auch sagen: Sie folgen einem natürlichen Rhythmus.
Das bedeutet nicht, dass dieses Projekt genau ein Jahr dauert. Es dauert genau so lange wie es dauert, nicht kürzer und nicht länger. Doch die Phasen, in denen sich dieses Projekt in Verbindung mit deiner Seele entwickelt, sind mit den Jahreszeiten vergleichbar.

Der Rhythmus in der Natur gehört auch zu dem, was meine Seele liebt. Wenn du mich fragst, stehen Frühling und Sommer oben auf der Hitliste, deshalb war es schon interessant zu hören, was meine Seele mit Beginn dieses Projektes im Januar, während ich fror und keine Lust mehr auf 20 Kleidungsschichten hatte, zur Schönheit einzelner Schneeflocken zu sagen hatte.
Ich habe den Winter noch nie als so schön erlebt.

Warum auf dem Dachfenster liegender Schnee schön ist

weil er dich von innen betrachtet, mit einhüllt in das große ganze Weiß
weil du mit dem Gruß des Kosmos verbunden wirst
weil auch du gemeint bist
weil der Schnee von innen betrachtet eine fast poröse Struktur bildet
weil die einzelnen Flocken sich wie Zellen auf deinem Fenster verbinden
weil sie beständig zu dir hereinschauen
weil sie dein Inneres hüten und sanft zudecken

Die Jahreszeiten in diesem Projekt

Die **Winterphase** ist sozusagen die stille Vorbereitung deiner Seele. Alles, deine besondere Sprache, deine feine Wahrnehmung, die Klarheit um den richtigen Moment, schlummert noch als geheimes Wissen in dir. Es wird erst sanft aufgeweckt. Deine eigenen Worte küssen deine Seele wach. Der Strom des Lebens, der durch dich zu fließen beginnt, weckt deine Seele ganz behutsam auf.

Ich habe diese Zeit als das Erwachen meines Erstaunens darüber erlebt, was in mir steckt, welche Worte meine Seele zu formulieren vermag und worauf ihr Augenmerk liegt.

Die ersten Beobachtungen sind vielleicht noch etwas ungelenk, so wie nach langem Schlaf. Du findest vielleicht noch nicht die richtigen, stimmigen Worte. Die Suche nach dem passsenden Moment ist noch etwas krampfhaft, wie eingefroren.

Macht gar nichts. Stapf einfach los in dieser Winterlandschaft. Und blick dich mal um: Du hinterlässt bereits Spuren, die Spuren deiner Notizen, Spuren, die du vielleicht erst später lesen und erkennen kannst.

Warum vereinzelte Schneeflocken, von innen durch
das Dachfenster betrachtet, schön sind

weil sie aus einem unendlich scheinenden Raum zu
mir kommen
weil sie sich sanft auf mein Fenster legen und verge-
hen
weil sie wie von Zauberhand herabsegeln
weil sie ganz in Ruhe ihren Weg finden bis auf mein
Fenster
weil ich sie beobachten kann
weil sie eine schöne Struktur haben, sanft anmutend
weil sie wie von einer gütigen Hand sanft ausgestreut
werden

Der **Frühling** folgt in seiner typischen wunderbaren Unglaublichkeit, dass er auch diesmal kommt. Einfach so. Aus heiterem Himmel.

In deiner Frühlingsprojektphase entdeckst du die ersten Knospen der aufblühenden Sicherheit im Durchwandeln dieses Projektes. Es ist ein Frühlingserwachen mit ersten Glücksmomenten. Deine Seele erfährt, dass du weiter machst, dass sie Raum erhält zu sprechen und dass sie gehört wird.

Deine Notizen nehmen die Gestalt an von aufblühenden Blüten. Du erfährst mehr Tiefe.

Warum es schön ist, in der Früh am See zu sitzen

weil ein Vogel hinter mir im Baum den kommenden Frühling besingt

weil die Schwäne sich am anderen Seeufer sammeln, strahlend hell, weiß und schön

weil alles wie in einer Andacht noch ganz leise ist

weil Vögel heranziehen, Schwäne vorbei

weil das Wasser in strömender Bewegung ist

weil die Luft duftet und mein Gesicht kühlt

weil die Sonne auf meinen Rücken scheint

weil der Specht am anderen Ufer klopft, ein Gruß über den See

weil die Vögel sich im Baum unterhalten

weil jeder seine eigene Sprache spricht

weil keiner diese Andacht zerstört

Ich habe diese Phase als kleines Wunder erlebt, eine himmlische, innige Begegnung mit dem Kosmos selbst.

Warum dieses Projekt mein Leben umgestaltet

weil ich zum erste Mal den Kontakt zu meiner künstlerischen Inspiration über diesen Zeitraum nicht verliere

weil ich einfach Schritt für Schritt gehe

weil das Gehen zum Genuss und Rhythmus wird

weil sich etwas entwickelt, selbst wenn ich anderweitig arbeite

weil ich Staunen lerne, tiefer und tiefer

weil ich Bestaunen lerne, was alles staunenswert ist

weil die Schönheit sich in meine Seele legt

Der **Sommer** folgt in sattem Ton. Du gewinnst an Sicherheit. Du erfährst den klaren Schritt, das Aufblühen, Wachsen und Gedeihen deiner Notizen, deiner Sammlung. Alles nimmt eine starke fruchtbringende Form an. Es gedeiht auf mehreren Ebenen.

Du erntest händeweise, körbeweise: Erkenntnis, freudige Momente, Verwandtschaften des Herzens, eine Klarheit im Inneren, das Vertrauen in Kommendes, die unendliche Vielfalt des Sommers. Genieße und feiere!

Diese Phase war geprägt von der Stärke und Klarheit des Momentes, von der Tiefe meiner Wahrnehmung und dem Vertrauen in den Geist dieses Projektes. Ich erfuhr Reichtum, ja Fülle. Die Sammlung wuchs und nahm eine staunenswerte Form an.

Warum dieses Projekt neue Räume eröffnet

weil sich ganz von allein Rhythmen der Struktur entwickeln

weil diese Rhythmen aufmerksam machen

weil diese Struktur gepflegt werden will und dieses Pflegen selbst wohl tut

weil jeder Handgriff seine Bedeutung hat

weil es ist wie eine japanische Teezeremonie

weil es eine Lebenszeremonie wird

weil es schön ist

weil das Leben schön ist

Du weißt, der **Herbst** kommt. Das Projekt neigt sich dem Ende zu. Die Energie wird schwächer. Das Feiern flaut ab. Zeit, Lebewohl zu sagen.

Diese Phase fiel mir sehr schwer. Ich hatte es entdeckt. Es war stark, es war wunderbar und jetzt sollte ich es wieder gehen lassen?

Zeit für das Aufglühen der Farben. Die Farbigkeit in deinen Texten nimmt zu. Die Zeit der Ordnung und des ZEN beginnt. Das Wesentliche tritt deutlicher hervor, indem anderes wie abfallendes Laub wegfällt. Dein innerer Garten wird auf den Winter vorbereitet. Nebel des Abschieds ziehen auf und verklären den Blick.

Warum ich Ordnung liebe

weil Ordnung die Seele beruhigt
weil Ordnung suchende Augen beruhigt
weil Ordnung Klarheit schafft
weil Ordnung für Klarheit sorgt
weil Ordnung meinem wilden Geist wohl tut
weil Ordnung allem seinen Platz gibt

Hervor tritt die Frage:
Wie geht es weiter? Was wird kommen?

Lausche deinen Impulsen, folge der leisen Stimme deiner Seele. Siehe einfach, wohin es sich entwickelt und wie du weitergehen möchtest.

Schenke dir immer wieder die Möglichkeit, von dir selbst überrascht zu werden.

Pflanze Blumenzwiebeln in den Garten deiner Seele, indem du weiter Vertrauen zu ihr hast. Nimm den Gezeitenstrom deines Lebens an. Das Spüren um das Ende dieser Phasen zeigt nur, dass etwas Neues kommt, etwas, das dich dir noch näher bringt, dich weitet und dir neue Freude schenkt.
Vielleicht so:

Warum dieses Projekt staunenswert ist
weil ich nicht weiß, wo es mich hinführt
weil mich eine sichere, klare und wunderbare Hand leitet
weil ich voller Vertrauen folgen kann
weil mich dieses Vertrauen glücklich macht
weil sich etwas entwickelt, was ich mehr und mehr bestaune
weil es mich ruhig macht
weil es mich geduldig jeden Schritt gehen lässt
weil es schön ist

Danke

Danke Karin, dass du mich, inmitten von Vogelgesang und einem Meer von blühenden Buschwindröschen, gebeten hast, dieses Buch zu veröffentlichen. Das war ein magischer Moment.

Danke an Edeltraud, Karin, Inge, Dominique und alle Venuslicht-SeminarteilnehmerInnen, dass sie sich auf den Weg in ihre Innerlichkeit eingelassen und dazu geschrieben haben.

Danke an Edeltraud, dass sie mich ermutigte weiterzumachen, als ich den Kopf in den Sand stecken wollte.

Danke an Eva, die beim Schreiben voller Freude mit mir teilte, dass alles, wirklich alles in ihr ist und so kein Mangel existiert.

Danke an alle, die mit dem spirituell-kreativen Schreibprozess ihre eigene Sprache, ihren Ausdruck und die Öffnung ihrer Seele mitgeteilt und so mein Herz tief berührt haben.

Danke an meine Mutter, Hildegard und Susa, dass wir uns immer wieder gemeinsam für kreative Projekte begeistern und mit den Kindern eine neue Farbschlacht wagen.

Danke an alle Grundschulkinder und Mittelschul-Jugendliche, dass sie mit mir gemeinsam bastelten, malten, wunderbare Geschichten erzählten und aufschrieben, Gedichte verfassten, druckten, Leporellos gestalteten und immer wieder ihre Begeisterung für alles Kreative teilten.

Danke an Katharina für das Fotografieren der Papierstreifencollagen.

Danke an Markus für deine endlose Geduld beim Formatieren der Texte, beim Bearbeiten der Fotos, beim 100sten Überarbeiten der Texte.

Und danke Markus, dass du bis zum Schluss mit mir drangeblieben bist, bis das Buch tatsächlich fertig war.

Danke an Mutter Erde für so viel Schönheit in allem, was da ist, im Großen, im Kleinen, im Innen und im Außen. Danke für die stille Genialität, die sich in all dieser Schönheit offenbart.

Danke an meine innere Führung und die himmlische Inspiration, denn „alle Kraft, die in mir ist, kommt vom Himmel" und das wissen wir dank Konfuzius.

Zeitfracht Medien GmbH
Ferdinand-Jühlke-Straße 7
99095 Erfurt, Deutschland
produktsicherheit@kolibri360.de